Das magische Baumhaus junior

Mary Pope Osborne

Geheimtreffen auf dem Eiffelturm

Bisher erschienen:

Band 1: Abenteuer bei den Dinosauriern
Band 2: Auf der Spur der Ritter
Band 3: Die rätselhafte Mumie
Band 4: Suche nach dem Piratenschatz
Band 5: Das Geheimnis der Ninjas
Band 6: Verborgen im Dschungel
Band 7: Gefahr für das Mammut
Band 8: Die verlassene Mondstation
Band 9: Das Geheimnis der Delfine
Band 10: Ritt durch den Wilden Westen
Band 11: Im Reich der Löwen
Band 12: Rettung für die kleinen Eisbären
Band 13: Der große Vulkanausbruch
Band 14: Gefahr im Drachenreich
Band 15: Abenteuer bei den Wikingern
Band 16: Auf dem Pfad der Indianer
Band 17: Auf der Spur des Tigers
Band 18: Kleines Känguru in Gefahr
Band 19: Das Geheimnis von Olympia
Band 20: SOS auf der Titanic
Band 21: Rettung vor dem Wirbelsturm
Band 22: Flucht vor dem Erdbeben
Band 23: Lampenfieber vor dem großen Auftritt
Band 24: Gorilla-Baby in Not
Band 25: Bedrohung im Paradies
Band 26: König Artus und die Mission der Ritter
Band 27: Geheimauftrag im Spukschloss
Band 28: Das geheimnisvolle Zauberschwert
Band 29: Im Reich des Eiszauberers
Band 30: Der Herrscher der Meere
Band 31: Der verborgene Wüstenschatz
Band 32: Geheimtreffen auf dem Eiffelturm
Band 33: Auf den Spuren des verzauberten Einhorns

Mary Pope Osborne

Das magische Baumhaus junior

Geheimtreffen auf dem Eiffelturm

Aus dem Amerikanischen
übersetzt von Petra Wiese
Illustriert von Jutta Knipping

Band 32

Loewe

Für Joe Alicata,
den Design-Zauberer

FSC
www.fsc.org
MIX
Papier | Fördert gute Waldnutzung
FSC® C018236

Klimaneutral
Druckprodukt
ClimatePartner.com/18521-2202-1001

ISBN 978-3-7432-1279-4
Überarbeitete Neuausgabe des Titels *Geheimauftrag in Paris*
1. Auflage 2023

Aus dem Amerikanischen übersetzt von Petra Wiese
Umschlag- und Innenillustrationen: Jutta Knipping
Umschlaggestaltung: Elke Kohlmannn
Printed in the EU

www.dasmagischebaumhaus.de
www.loewe-verlag.de

Inhalt

Vier neue Zauberer

Philipp saß im sommerlichen Abendlicht auf der Veranda und las. Ein Eiswagen bimmelte auf der Straße.

Anne trat aus der Haustür.

„Mama hat uns Geld für Eis gegeben“, sagte sie.

Philipp setzte seinen Rucksack auf und sie liefen den Bürgersteig entlang.

Anne blieb plötzlich stehen.

„Vor einer Minute zirpten die Heuschrecken noch. Jetzt ist es superstill“, meinte sie. „Los! Lass uns nachsehen!“

Anne und Philipp rannten, bis sie vor der höchsten Eiche standen. Aus der Baumkrone hing

eine Strickleiter herunter. Oben thronte das magisches Baumhaus.

Anne schnappte sich die Leiter und stieg hinauf. Philipp kletterte hinter ihr her.

Auf dem Holzfußboden lagen ein zusammengefaltetes Stück Papier und ein dünnes Buch.

Anne nahm das Papier. Philipp hob das Buch auf.

„Es ist ein Buch von Morgan“, sagte er.

Der Buchtitel war in goldenen Buchstaben geschrieben:

„Pariser Weltausstellung?“, wunderte sich Philipp.

Anne faltete das Papier auseinander.

Sie las vor:

An Philipp und Anne
aus Pepper Hill,

Ich habe erfahren, dass ein böser Magier einen gemeinen Plan ausgeheckt hat. Auf der Pariser Weltausstellung will er die Geheimnisse von vier einfallsreichen neuen Zauberern stehlen.
Eure Aufgabe ist es, diese Zauberer zu finden und sie zu warnen. Fragt sie nach ihren Geheimnissen und berichtet mir dann von diesen.

Die vier neuen Zauberer sind:

Der Zauberer des Klangs –
Er kann eine Stimme
über tausend Kilometer weit schicken.

Der Zauberer des Lichts –
Er kann Feuer zum Glühen bringen,
aber es brennt nicht.

Der Zauberer des Unsichtbaren –
Er kann tödliche Feinde bekämpfen,
die niemand sehen kann.

Der Zauberer des Eisens –
Er kann alle Metalle der Erde verbiegen
und triumphiert über den Wind.

Viel Glück!
M.

„Ein böser Magier und Zauberer“, sagte Philipp. „Wir könnten ihnen mit Teddys und Kathreins Zauberreimen helfen.“

Er griff in den Rucksack und zog ein kleines Buch hervor, das ihre Freunde aus Camelot für sie geschrieben hatten:

Zehn magische Reime für Anne und Philipp von Teddy und Kathrein

„Fünf Zaubersprüche haben wir auf unseren letzten beiden Reisen schon verbraucht“, überlegte er. „Also haben wir noch fünf für die nächsten beiden übrig.“

Philipp nahm den Reiseführer für die Weltausstellung in die Hand. Er deutete auf den Titel.

„Ich wünschte, wir wären dort“, sagte er.

Wind kam auf.

Das Baumhaus fing an, sich zu drehen.

Es drehte sich schneller und immer schneller.

Dann war alles wieder still.

Totenstill.

Ein lebendiges Lexikon

Philipp trug eine altmodische Mütze, eine rostfarbene Jacke und eine Kniebundhose. Sein Rucksack hatte sich in einen ledernen Schulranzen verwandelt.

Anne trug eine grüne Bluse mit Puffärmeln und einen langen roten Rüschenrock.

„Schau mal, dahinten ist der Eiffelturm!“, rief sie.

Philipp öffnete Morgans Buch und fand einen Stadtplan.

„Die Ausstellung findet unter dem Turm statt.“

Anne kletterte die Leiter des Baumhauses hinab.

Philipp steckte den Reiseführer, den Brief von Merlin und das Zauberbuch in seinen Ranzen. Dann stieg er auch hinab.

Die Geschwister gelangten auf eine breite Straße, die von Gaslaternen erhellt wurde. Altmodische Fahrräder bewegten sich auf eine Brücke zu, die sich über einen breiten Fluss spannte.

Am anderen Ufer blinkten Tausende winziger Lämpchen.

„Paris ist wunderschön!“, seufzte Anne.

Philipp und Anne waren so angezogen wie die meisten Kinder. Viele Männer trugen schwarze Zylinder zu schwarzen Mänteln und Hosen. Die Frauen hatten Hüte auf, die so groß wie Blumenkörbe waren. Ihre langen bunten Kleider bauschten sich um ihre Beine.

Philipp entdeckte Leute mit chinesischen Strohhüten und holländischen Kappen. „Es handelt sich um eine *Weltausstellung*, die Besucher kommen aus vielen verschiedenen Ländern her“, meinte Philipp.

„Dort drüben gibt es Eintrittskarten“, sagte Anne, als sie auf der anderen Seite der Brücke angekommen waren.

Philipp und Anne gingen zu dem Eingangstor. Auf einem riesigen Banner über dem Tor stand:

Philipp zog den Reiseführer hervor.

Er schlug die erste Seite auf und las laut vor:

> Willkommen zur Weltausstellung – dem lebendigen Lexikon mit über 60.000 Ausstellungsstücken aus aller Welt! Diese Weltausstellung ist ein Schaukasten des Fortschritts! Entdecken Sie das menschliche Genie! Erfahren Sie alles über Wissenschaft und Technik! Betrachten Sie erstaunliche neue Maschinen und Erfindungen!

„Ich kann gar nichts über Zauberei oder Zauberer finden“, sagte er.

Dann traten er und Anne durch das Eingangstor.

Magie? Zauberer?

„Irre!“, riefen Philipp und Anne gleichzeitig.

Unter dem riesigen Eiffelturm schoss aus Springbrunnen bunt gefärbtes Wasser hoch in die Luft. Eine kleine Eisenbahn tuckerte durch die Menschenmenge.

Menschen jeglichen Alters und aus den verschiedensten Ländern schlenderten umher.

„Von hier können wir nicht alles sehen“, meinte Anne.

„Wie wär’s mit der Eisenbahn? Wir sehen uns unterwegs genau um.“

Philipp zeigte auf eine Haltestelle.

Anne und Philipp sprangen in einen offenen Waggon.

Dann plärrte die Stimme eines Mannes durch ein Megafon: „Willkommen bei unserer Rundfahrt!

Sie werden gleich Zeuge der verblüffenden Geschichte menschlicher Baukunst werden!“

Der Zug fuhr an Segeltuch-Zelten, Lehmhütten, einem strohbedeckten

Landhäuschen und an einem Palast mit einer riesigen Kuppel vorbei.

„Jetzt werden wir verschiedene Länder der Erde besuchen", verkündete der Zugführer. „Zuerst Ägypten!"

Sie kamen zu einem Basar. Es roch nach starkem Kaffee.

„Und jetzt besuchen wir ein Neujahrsfest im fernen China", sagte der Mann.

Der Zug tuckerte an chinesischen Akrobaten und einem riesigen, tanzenden roten Drachen vorbei. Dann rollte er an einer gigantischen braunen Frauenstatue vorüber.

„Dieses Geschöpf stellt die römische Göttin Venus dar", sagte der Zugführer, „und sie besteht vollständig aus Schokolade."

Die Eisenbahn hielt an. Alle Passagiere schauten nach oben zum Eiffelturm.

„Der Eiffelturm wurde extra für diese Weltausstellung gebaut“, erklärte der Mann durch das Megafon.

„Wir sollten aussteigen“, schlug Philipp vor. „Die Fahrt bringt uns nicht weiter.“

Philipp und Anne sprangen vom Zug.

„Wir müssen die vier Zauberer finden, bevor der böse Magier sie erwischt“, sagte Philipp.

„Ob er wohl schon hier ist?“, überlegte Anne.

Philipp und Anne beobachteten die Leute, die über das Ausstellungsgelände liefen. Alle waren vergnügt und begeistert.

„Niemand sieht wie ein böser Magier aus“, dachte Philipp.

Seine Gedanken wurden von der Stimme eines kleinen Mädchens unterbrochen: „Sieh mal, Papa! Das ist doch Zauberei!“

„Zauberei?“, fragte Philipp.

Anne zeigte auf einen Ausstellungsstand. Ein kleines Mädchen lachte, als ihr Vater sich Hörmuscheln an beide Ohren hielt.

„Es ist wirklich unglaublich!“, sagte der Mann und schüttelte verwundert den Kopf.

„Es hat Zauberkräfte, nicht wahr?“, fragte das Mädchen. „Es kann eine Stimme über tausend Kilometer weit schicken!“

„*Eine Stimme tausend Kilometer weit schicken* – das ist doch das, was der Zauberer des Klangs macht!“, flüsterte Anne.

Sie sahen auf das Schild über dem Ausstellungsstück. Dort stand:

„Das Mädchen redet vom *Telefon*!“, sagte Philipp. „1889 ist es gerade erst erfunden worden!“

„Alexander Graham Bell muss der Zauberer des Klangs sein!“, fügte Anne hinzu.

Sie ging auf eine Frau zu, die an dem Stand arbeitete. „Wissen Sie, wo wir Alexander Graham Bell finden?“

„Leider ist er eben gerade fort“, antwortete die Frau. „Ein seltsamer Mann gab mir eine Einladung für Herrn Bell. Er ist sofort losgegangen. Entschuldigt mich jetzt bitte.“

„Der böse Magier dachte wohl, es sei Zauberei“, sagte Anne.

„Warum war der Bote seltsam?“, grübelte Philipp.

„Fragen wir sie doch einfach", schlug Anne vor.

„Entschuldigen Sie", sagte Anne. „Warum erschien Ihnen der Bote seltsam?"

„Der Mann trug einen langen dunklen Umhang. Seine Kapuze war tief ins Gesicht gezogen und er flüsterte mir mit dunkler Stimme zu", erwiderte die Frau.

„Wohin ging der seltsame Mann mit dem Umhang?", fragte Anne.

„Er wollte den Weg zur Maschinenhalle wissen", antwortete die Frau. „Es ist das riesige Gebäude aus Glas."

Sie zeigte auf ein gewölbtes Glasdach, das sich in der Ferne über die anderen Ausstellungsgebäude erhob.

„Vielen Dank“, verabschiedete sich Anne. Sie raste los und Philipp rannte ihr nach.

„Der Bote ist der böse Magier!“, stellte Anne fest.

„Aber was machen wir, wenn wir ihn gefunden haben?“, entgegnete Philipp. „Er ist bestimmt gefährlich.“

Der Zauberer aus Menlo Park

„Was ist, wenn wir plötzlich den bösen Magier treffen?", fragte Philipp außer Atem.

„Dann benutzen wir einen Zauberreim", erwiderte Anne.

Sie schritten durch den Eingang des großen gläsernen Gebäudes.

„Wahnsinn", flüsterte Philipp.

Tausende Menschen und Maschinen füllten das Gebäude.

Philipp zog den Reiseführer aus dem Ranzen und las laut vor:

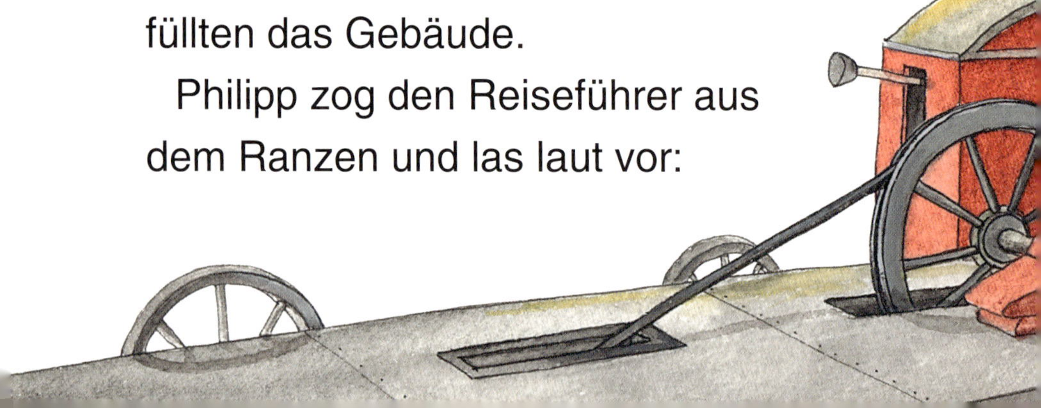

In der Maschinenhalle werden Sie Maschinen sehen, die Sie in die Welt der Ingenieure und Erfinder entführen werden. Sie werden staunen, wie Maschinen Stoffe weben, aus denen Kleider hergestellt werden! Sie werden ein Automobil betrachten, dessen Motor mit Benzin angetrieben wird! Und natürlich werden Sie die Erfindungen des Gewinners des Großen Preises von Amerika sehen. Er kommt aus Menlo Park in New Jersey und –

„Sieh doch mal!“, unterbrach ihn Anne.

Sie zeigte auf ein mechanisches Laufband über ihren Köpfen.

„Von dort oben können wir alles überblicken“, sagte Anne.

Philipp und Anne betraten das Laufband. Von oben schauten sie auf viele Leute hinunter.

Sie sahen sehr viele Männer, die Zylinder trugen. Aber Philipp sah keinen einzigen Mann in einem dunklen Umhang mit Kapuze.

Die Stimmen der anderen Besucher drangen Philipp und Anne in die Ohren:

„Was für ein Genie!“

„Er ist der Zauberer aus Menlo Park!“

„Jemand hat von einem Zauberer gesprochen!“, rief Anne.

„Ja“, sagte Philipp. „*Der Zauberer aus Menlo Park!* Haben wir nicht gerade etwas über diese Stadt gelesen?“

Er zog den Reiseführer hervor und las noch einmal:

> Und natürlich werden Sie die Erfindungen des Gewinners des Großen Preises von Amerika sehen. Er kommt aus Menlo Park in New Jersey und heißt Thomas Alva Edison!

„Thomas Alva Edison“, sagte Philipp. „Er ist einer der größten Erfinder, die es jemals gegeben hat!“

Direkt unter ihnen befand sich ein Stand mit einem Schild, auf dem *EDISON* stand.

„Komm, wir gehen runter!“, rief Anne.

Philipp und Anne sprangen ab. Sie drängelten sich an den Leuten vorbei.

Philipp führte Anne einen breiten Gang entlang bis vor den Edison-Stand.

An einem Gegenstand waren ein trichterförmiges Rohr und einige Schalter angebracht. Darüber hing ein Schild:

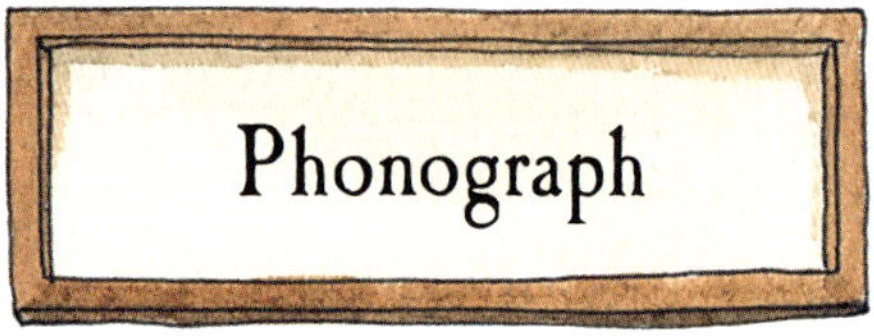

„Was ist ein *Phonograph*?“, fragte Anne.

„So was wie ein altmodischer CD-Player“, antwortete Philipp. „Es war der erste Apparat, der Musik abspielen konnte.“

„Psst!“, machte jemand.

Die Leute hörten einem Mann zu, der eine Rede hielt. Auf seinem Namensschild stand: *HENRI*.

„Der Amerikaner Thomas Alva Edison hat den Phonographen erfunden. Edison hat aber auch noch andere Dinge entwickelt“, sagte Henri.

Er ging zu einem anderen Ausstellungsstück: einer Glühbirne mit einem Schalter. Er knipste das Licht an und wieder aus.

„Thomas Alva Edison erfand vor zehn Jahren die elektrische Glühbirne“, erklärte Henri. „Wenn Elektrizität durch diesen Draht läuft, wird er heiß wie Feuer. In der Glasbirne befindet sich jedoch kein Sauerstoff. Der Draht beginnt also nur zu glühen und brennt nicht.“

Philipp flüsterte: „*Er kann Feuer zum Glühen bringen, aber es brennt nicht!* Thomas Edison ist der Zauberer des Lichts!“

Anne wandte sich an Henri.

„Wissen Sie, wo Herr Edison jetzt ist?"

„Nein", antwortete Henri. „Ich weiß nur, dass er zu einer Feier eingeladen wurde."

„Hat ein seltsamer Bote in einem Umhang die Einladung abgegeben?", wollte Anne wissen.

„Ja", erwiderte Henri.

„Wissen Sie, wo der Bote hinwollte?", drängte Philipp.

„Er erkundigte sich, wie man zum Pasteur-Institut kommt. Mehr weiß ich nicht", sagte Henri.

„Wir werden das Pasteur-Institut schon irgendwie finden!", forderte Anne Philipp auf.

Hallooo?

Philipp und Anne drängelten sich durch die Menschenmasse in die Nacht hinaus.

Philipp zog den Reiseführer aus dem Ranzen und suchte im Inhaltsverzeichnis das Pasteur-Institut.

„Nicht drin“, sagte er. „Es gehört nicht zur Ausstellung.“

Anne zeigte auf die am Straßenrand parkenden Pferdekutschen.

„Thomas Alva Edison und Alexander Graham Bell!“, murmelte Philipp. „Der böse Magier glaubt wohl, dass sie Zauberer mit geheimen Kräften sind! Ich wette, dass er auch die anderen zwei einlädt.“

„Wir müssen zum Pasteur-Institut!“, rief Philipp dem Kutscher zu.

Philipp und Anne kletterten auf den Rücksitz des offenen Wagens.

„Entschuldigen Sie“, sagte Anne und lehnte sich nach vorne. „Was genau ist eigentlich das Pasteur-Institut?“

„Es ist ein Labor, in dem nach Heilmitteln gegen Krankheiten geforscht wird“, erklärte der Kutscher.

„Aber jetzt brauchen wir *wirklich* einen Plan. Was ist, wenn wir ihm im Institut begegnen? Er hat doch magische Kräfte!“

„*Wir* haben auch magische Kräfte“, gab Anne zurück.

Philipp holte das Zauberbuch aus dem Ranzen:

Zehn magische Reime für Anne und Philipp von Teddy und Kathrein

Im Licht der Kutschenlaterne schauten sich Philipp und Anne das Inhaltsverzeichnis an.

„Denk dran: Wir können jeden Reim nur einmal verwenden“, sagte Philipp zu Anne. „*Etwas verschwinden lassen.* Wir lassen den bösen Magier einfach verschwinden. Wir lernen den Reim auswendig. Sobald wir dann den bösen Magier entdecken, sagen wir ihn auf“, beschloss er.

Stillschweigend lernten Anne und Philipp ihren Teil des Reims auswendig. Auch andere Kutschen und viele Fahrräder waren unterwegs. Einige Fahrräder waren für zwei Personen gebaut.

Im Kerzenschein der Straßencafés aßen Leute.

„Da wären wir!“, verkündete der Fahrer und unterbrach Philipps Gedanken. „Das Pasteur-Institut.“

Das Pasteur-Institut sah wie ein altes Spukhaus aus. Seine riesigen Vordertüren waren geschlossen. Hinter den großen Fenstern war es finster.

„Sind Sie sich sicher, dass wir hier richtig sind?“, fragte Anne vorsichtig.

„Natürlich“, erwiderte der Kutscher. „Das Institut ist nur geschlossen.“

Anne und Philipp kletterten aus der Kutsche.

Sie starrten auf das dunkle, stille Gebäude.

„Wir klopfen einfach an“, sagte Anne.

Die Geschwister stiegen die steinernen Stufen bis zu den riesigen Vordertüren hoch.

Eine Gaslampe erhellte ein kleines Metallschild, auf dem stand:

Philipp klopfte an.

Nichts rührte sich.

Anne drückte die große Klinke. Sie war abgeschlossen.

„Vielleicht gibt es irgendwo noch einen anderen Eingang", überlegte Anne.

Sie und Philipp gingen um das Haus herum.

Als sie wieder zur Vorderseite des Gebäudes kamen, seufzte Philipp tief.

Plötzlich hörten sie hinter sich ein Flüstern: „Hallooo?"

Unsichtbare Feinde

Eine dunkle Gestalt stand in einer Seitentür des Instituts.

„Kann ich euch helfen?“, fragte die Gestalt.

Es war ein älterer Mann mit weißen Haaren. Er lächelte freundlich.

„Kommt ihr wegen der Tollwut?“

„Das machen Sie also hier“, sagte Philipp. „Sie behandeln Menschen gegen Tollwut?“

„Ja. Nicht ich, aber Dr. Pasteur“, erzählte der Mann. „Er ist der hervorragendste Forscher und Mediziner der Welt.“

„Was erforscht er denn?“, fragte Philipp.
„Mikroben“, antwortete der Nachtwächter.
„Mikroben?“, rätselte Anne.
„Bazillen“, erklärte Philipp.
„Mikroben sind unsichtbar für das menschliche Auge“, erzählte der Nachtwächter weiter. „Dr. Pasteur bekämpft die gefährlichen Mikroben mit Impfungen und neuen Medikamenten.“

Anne schnappte nach Luft.

„*Er kann tödliche Feinde bekämpfen, die niemand sehen kann!*“, sagte sie. „Er ist der Zauberer des Unsichtbaren!“

„Ja!“, rief Philipp.

„Wissen Sie, wo er ist?“, drängte Anne.

„Leider habt ihr ihn gerade verpasst“, sagte der Nachtwächter. „Vorhin brachte ein Bote eine Einladung für ihn. Er sagte, er müsse spätestens um zehn Uhr beim Eiffelturm sein“, erwiderte der alte Mann.

„Wie spät ist es jetzt?“, fragte Anne.

Der alte Mann zog seine Taschenuhr hervor.

„Es ist fünfundzwanzig Minuten vor zehn.“

„Vielen Dank für Ihre Hilfe!“, sagte Philipp zum Nachtwächter.

Die Geschwister rannten die Stufen zur Straße hinunter.

„Dr. Louis Pasteur! Ich habe von ihm gehört!“, sagte Philipp. „Keiner von diesen Männern hat wirklich Zauberkräfte. Sie sind Erfinder und Wissenschaftler!“

„Ich frage mich, wer der vierte *Zauberer* ist“, sagte Anne. „Der Zauberer des Eisens, der die Metalle der Erde verbiegen kann und über den Wind triumphiert.“

„Wir müssen die Zauber-Männer finden und sie nach ihren Geheimnissen fragen, bevor sie der böse Magier erwischt!“, antwortete Philipp.

Philipp und Anne schauten rechts und links in die Straßen. Ein Paar fuhr auf einem Zweisitzer-Fahrrad vorbei. Dann klapperte eine Pferdekutsche die Straße entlang.

„Taxi!“, schrie Philipp.

Aber die Kutsche fuhr einfach weiter. Bis auf Philipp und Anne war die Straße leer.

Das Paar auf dem Fahrrad kam wieder zurück.

„Wir haben euch rufen hören. Braucht ihr Hilfe?“, fragte der Mann mit rauer Stimme.

Die Radfahrer sahen ziemlich merkwürdig aus. Der Mann war klein. Er trug einen hohen schwarzen Hut, hatte einen langen Schnurrbart und einen buschigen Kinnbart. Die Frau war ebenfalls

klein. Sie trug einen Hut mit einem Schleier, der den größten Teil ihres Gesichts verbarg.

„Wir müssen um zehn Uhr am Eiffelturm sein. Es ist ein Notfall!“, sagte Anne.

„Ein Notfall! Nein, wirklich!“, stieß die Frau hervor.

Der Mann sprach mit tiefer, rauer Stimme. „Laufen würde lange dauern. Ihr dürft unser Fahrrad nehmen.“

„Es ist wirklich ein Notfall“, erklärte Anne. „Aber wie können wir das Fahrrad zurückgeben?“

„Lasst es einfach unter den großen Turmbögen stehen“, meinte der Mann.

„Das ist sehr nett von Ihnen!“, bedankte sich Anne.

Dann gingen die beiden weiter.

„Danke!“, rief Anne ihnen hinterher.

Der Mann drehte sich noch einmal um.

„Ihr müsst so schnell sausen wie der Wind!“, rief er.

Dann verschwanden er und die Frau um die Ecke.

Anne kletterte auf den vorderen Sattel und Philipp auf den hinteren.

„Wir müssen im gleichen Takt radeln“, erklärte Philipp.

Die Geschwister versuchten, gleichzeitig in die Pedale zu treten und das Gleichgewicht zu halten.

„In welche Richtung müssen wir?“, fragte Anne.

Sie radelten um die Ecke und schauten sich um.

„Da entlang!“, sagte Anne.

Sie zeigte nach rechts. Dort sah man Restaurants und Spaziergänger.

Anne und Philipp strampelten die belebte Straße hinunter.

Aber je weiter sie radelten, desto verlassener wurde die Straße. Sie bremsten.

Philipp sah den Eiffelturm. Er schien nicht weit entfernt zu sein.

„Lass es uns links versuchen“, meinte er.

Sie kamen auf einen leeren Platz.

„Eine Sackgasse!“, stöhnte Philipp.

Die Geschwister wendeten das Fahrrad. Sie landeten wieder in einer Sackgasse.

„Der Turm ist doch gleich da drüben!“, sagte Philipp.

Er zeigte auf den Eiffelturm, der sich vor ihnen über den Dächern erhob.

„Moment mal“, bemerkte Anne. „Wir müssen eben sausen! *In Windeseile durch die Luft sausen!* Das ist einer unserer Zaubersprüche.“

Tretet in die Pedale!

Philipp holte das Zauberbuch hervor.

„Ich werde die erste Reimzeile vorlesen“, sagte Philipp zu Anne, „du liest die zweite.“

Philipp las die erste Zeile laut vor:

„Wirbel und schwirbel, kreise und sause!“

Anne las die zweite Zeile:

„Wih-schreih-bih, kreisu-sausu!“

Er und Anne radelten los.

Das Fahrrad hob vom Boden ab.

Anne steuerte das fliegende Fahrrad direkt auf den Eiffelturm zu.

Sie sausten durch die Luft. Ohne große Anstrengung näherten sie sich dem Eiffelturm.

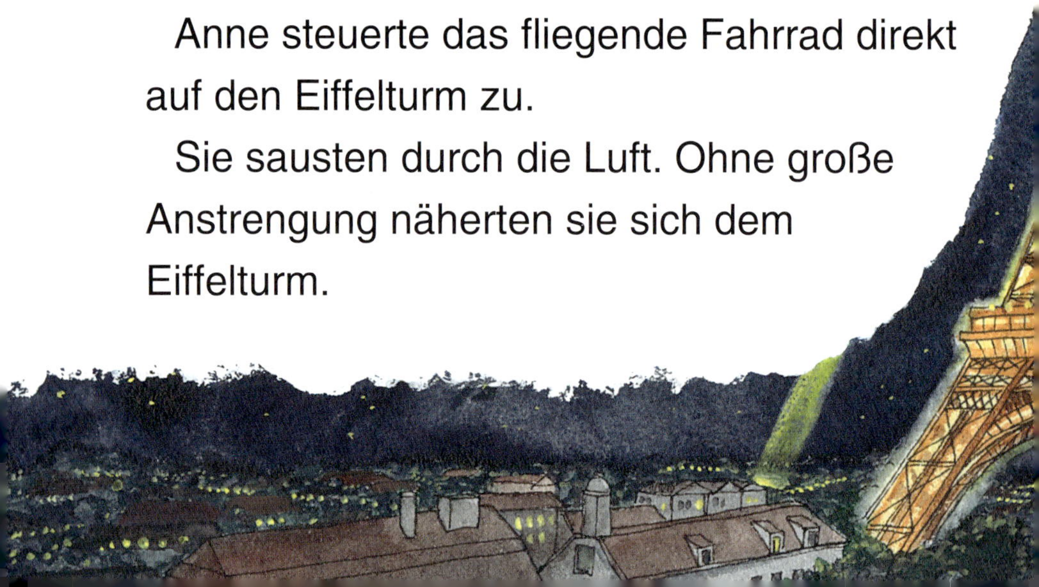

„Wir müssen landen!“, rief Philipp.

Beide beugten sich nach vorne und das Fahrrad neigte sich nach unten.

Das Rad wurde allmählich langsamer, als es sich der Erde näherte.

Das Fahrrad kam zum Stehen.

Philipp sah nach oben. Über ihnen ragte der Eiffelturm empor.

„Geschafft!“, sagte Anne atemlos.

„Wir müssen noch herausfinden, wo die Feier ist“, schnaufte Philipp.

„Zuerst stellen wir das Rad unter dem Turm ab, wie wir es versprochen haben“, sagte Anne.

Die Geschwister parkten das Rad. Nichts deutete auf eine Feier hin. Nur ein Wächter stand unter einem der Bögen.

„Entschuldigen Sie!“, rief Anne dem Wächter zu. „Wir haben gehört, dass es heute Abend eine Feier am Eiffelturm geben soll.“

„Meint ihr etwa die private Feier oben auf dem Turm?“, sagte der Wächter. Er flüsterte: „Nämlich mit Herrn Thomas Edison, Dr. Louis Pasteur und Herrn Alexander Graham Bell.“

„Das ist unsere Feier!“, jubelte Anne.

„Wie kommen wir da hoch?“

Der Wächter lächelte.

„Tut mir leid“, sagte er. „Um nach oben zu gelangen,

bleibt euch nichts anderes übrig, als die Treppe hinaufzusteigen.“

„Also, was nun ...?“, fragte Anne.

„Die Treppe“, antwortete Philipp.

Sie eilten zu einer Treppe und begannen, die 1.652 Stufen hinaufzusteigen, die zu der obersten Plattform des Eiffelturms führten.

Geheimnisse

Als Philipp und Anne endlich alle Stufen geschafft hatten, die zur Plattform in der ersten Etage führten, schnauften beide.

„Sind das viele Stufen!“, meinte Anne außer Atem.

„Kann man … wohl sagen“, stimmte Philipp ihr keuchend zu.

Sie gingen ein wenig langsamer weiter.

„Ich kann verstehen, dass er glaubt …“, japste Anne, „Alexander Graham Bell … sei ein Zauberer.“

„Stell dir vor“, fuhr sie fort, „du hättest noch nie in deinem Leben ein Telefon benutzt … dann hörst du eine Stimme … von jemandem … der ganz weit weg wohnt ...“

„Zauberei!“, ergänzte Philipp.

„Thomas Edison!“, sagte Anne. „Der Mensch ist … vom Feuer abhängig, um Licht zu haben … dann drückst du auf einen Schalter … eine Glühbirne leuchtet …“

„Zauberei!“, meinte Philipp.

„Louis Pasteur …“, sagte Anne. „Es gibt diese Krankheiten … dann findet dieser Mann heraus … wie er die tödlichen Mikroben kaputt kriegt!“

„Zauberei!“, seufzte Philipp.

Philipps Beinmuskeln brannten. Endlich erreichten sie die zweite Plattform.

Philipp und Anne stiegen weiter. Als sie sich der Turmspitze näherten, hörte Philipp Klaviermusik.

Schließlich waren die beiden fast ganz oben angekommen. Eine Wendeltreppe führte von der Plattform auf eine höher liegende Terrasse.

Philipps Beine schmerzten und sein Herz pochte.

Die Geschwister schleppten sich mühsam die Wendeltreppe hoch.

Die Klaviermusik kam aus einem Häuschen, das an die Terrasse angrenzte.

Durchs Fenster sahen sie einen gemütlichen Raum mit hellem Lampenlicht. Ein Mann mit einem Spitzbart spielte Klavier. Hinter ihm standen ein älterer Herr mit einem grauen Bart, außerdem ein großer Mann mit einem buschigen weißen Bart sowie ein freundlich aussehender Mann ohne Bart.

„Es sind vier“, flüsterte Philipp.

„Ich glaube nicht, dass einer von ihnen ein böser Magier ist.“

„Was ist das für ein Raum?“, wunderte sich Anne.

Philipp zog den Reiseführer hervor und schaute unter „Eiffelturm“ nach. Dort fand er eine Zeichnung des Turms. Über dem Häuschen ganz oben stand:

Am höchsten Punkt des Turms befindet sich die Wohnung von Gustave Eiffel.

Ein Bild zeigte Gustave Eiffel in seinem Sessel. Philipp las weiter:

Gustave Eiffel ist einer der besten Ingenieure der Welt. Er erschuf den Eiffelturm aus den neuesten Baustoffen, nämlich Glas und Eisen. Da diese Materialien leichter als Stein oder Ziegel sind, können damit sehr hohe Gebäude errichtet werden. Die netzartige Konstruktion des Turms und seine Eisenbalken verhindern, dass starke Winde ihn beschädigen.

„Er ist der vierte Zauberer!“, flüsterte Philipp. *„Der Zauberer des Eisens – er kann alle Metalle der Erde verbiegen und triumphiert über den Wind!“*

Sie gingen zur Tür und Anne klopfte an.

„Oh Mann“, dachte Philipp. „Wie sollen wir den berühmten Männern diese verrückte Situation erklären?“

Die Wohnungstür öffnete sich. Gustave Eiffel schaute heraus.

„Hallo! Können wir hereinkommen?“, fragte Anne.

Herr Eiffel war verblüfft.

„Heute Nacht besuchen mich einige unerwartete Gäste. Wie bist du hier hochgekommen? Ich dachte, die Aufzüge seien außer Betrieb."

„Mein Bruder und ich sind die Treppe hochgestiegen", sagte Anne.

„Oje!", erwiderte Herr Eiffel. „Kommt herein."

Herr Eiffel trat zurück, um Anne und Philipp hereinzulassen.

Die Männer sahen sie neugierig an.

„Bevor ihr erzählt, wer ihr seid, erlaubt mir, euch meine anderen Gäste vorzustellen", sagte Herr Eiffel.

„Das ist Dr. Louis Pasteur."

Er zeigte auf den älteren Mann mit dem grauen Bart.

„Und hier haben wir Herrn Alexander Graham Bell."

Der große Mann mit dem buschigen weißen Bart nickte.

„Und dieser Herr ist Thomas Alva Edison."

Der freundlich aussehende Mann ohne Bart trat vor. Er gab erst Anne und dann Philipp die Hand.

„Wir sind Philipp und Anne", stellte Anne sie vor.

„Wie habt ihr denn von diesem Treffen erfahren?", fragte Herr Eiffel. „Mit den Einladungen habt ihr nichts zu tun, oder?"

„Nein“, sagte Anne. „Aber wir wissen, wer sie geschrieben hat.“

„Und wer war es?“, wollte Herr Eiffel wissen.

„Ein böser Magier, der die Geheimnisse Ihrer Erfindungen stehlen will, denn er glaubt, sie seien Zauberei“, antwortete Anne. „Wir können ihn verschwinden lassen! Aber bevor er auftaucht, müssen Sie uns unbedingt Ihre Geheimnisse verraten.“

Herr Edison lachte. Die anderen stimmten ein.

„Die Geheimnisse unserer Erfindungen?“, wiederholte Herr Eiffel. „Ich verspüre große Abenteuerlust. Mich hat die Herausforderung, das höchste Gebäude der Welt zu errichten, sehr gereizt.“

„Sehr gut“, lobte Anne. „Abenteuerlust sowie Liebe zu Arbeit und Verantwortung.“

Sie wandte sich an Dr. Pasteur.

„Doktor, was ist Ihr Geheimnis?“

„Mein Geheimnis?“, fragte Dr. Pasteur. „Mein Geheimnis lautet: Der Zufall begünstigt den Geist, der vorbereitet ist.“

„Was bedeutet das?“, fragte Anne.

„Zufall bedeutet Glück“, erklärte Dr. Pasteur. „Ich denke, dass wir bei unserer Arbeit alle auf ein bisschen Glück hoffen. Ich bin umso glücklicher, je mehr ich lerne und mich vorbereite.“

„Das klingt einleuchtend“, sagte Anne.

Sie wandte sich an Herrn Edison.

Herr Edison lächelte bescheiden.

Seine Augen glänzten und er zwinkerte. „Ich nehme an, ein Genie zu sein, bedeutet ein Prozent Eingebung und neunundneunzig Prozent Schweiß.“

„Ich hab's!“, rief Anne. „Ein Genie zu sein, bedeutet, viel zu schwitzen.“

Alle drehten sich nun zu Herrn Bell um.

Er strich sich über seinen buschigen

weißen Bart. „Wenn eine Tür zugeht, öffnet sich eine andere. Wir schauen oft so lange auf die verschlossene Tür, dass wir nicht die Türen bemerken, die sich uns öffnen.“

Er lächelte in die Runde.

„Nie die Hoffnung aufgeben!“, rief Anne. „Hab ich begriffen!“

Herr Eiffel lächelte Anne zu.

„Meinst du, unsere Geheimnisse stellen den bösen Magier zufrieden?“

Bevor Anne antworten konnte, pochte es laut gegen die Tür.

Der böse Magier

Herr Eiffel lief zur Tür.

„Das ist der Magier!“, schrie Philipp.

„Ich bin mir sicher, es ist bloß ein Besucher“, sagte Dr. Pasteur zu Philipp.

Herr Eiffel öffnete die Tür. Es gab einen ohrenbetäubenden Donnerschlag. Ein Feuerball explodierte im Raum. Dann war alles wieder ruhig.

Anne lief zu Philipp hinüber. Aber keiner der anderen bewegte sich. Herr Eiffel, Herr Bell, Herr Edison und Dr. Pasteur waren zu Stein erstarrt.

Undeutlich sah Philipp eine dunkle Gestalt mit einem langen Umhang in der Tür stehen.

„Wir müssen unseren Zauberspruch aufsagen!“, bestimmte Philipp.

Philipp zitierte die Zeile:

„Das Ding da vor uns, das wir jetzt sehen ...“

Plötzlich lachte Anne.

„Du bist es!“, rief sie.

Das Gesicht des Magiers wurde vom Licht erhellt. Es war ein vertrautes Gesicht, mit blitzenden blauen Augen.

„Merlin!“, sagte Anne.

Sie umarmte ihn.

Philipp starrte Merlin bloß an.

„Wo ist der böse Magier?“, fragte er.

„Es gibt zwar böse Magier in meiner Welt“, sagte Merlin, „aber keiner von ihnen war heute auf der Weltausstellung.“

„Also warst du der Bote?“, fragte Anne.

„Ja“, antwortete Merlin. „Ich wollte diese außergewöhnlichen Männer zusammenbringen, damit ihr sie treffen könnt.“

Merlin lächelte. „Hättet ihr ohne die Herausforderung all eure Geisteskräfte und euren ganzen Mut zusammengenommen?“

„Wahrscheinlich nicht“, antwortete Philipp ehrlich.

„Herausforderungen helfen einem, sich auf das Wesentliche zu konzentrieren“, sagte Merlin. „Schwierigkeiten helfen euch, eure Ziele zu erreichen.“

Philipp und Anne nickten.

„Was sind die Geheimnisse dieser Männer?“, fragte Merlin.

„Wenn man sein Ziel erreichen will, dann muss man Abenteuer und Verantwortung lieben“, sagte Philipp.

„Man muss viel lernen und gut vorbereitet sein, damit das Glück einen begünstigt“, zählte Anne auf.

„Man muss sehr hart arbeiten, denn Genie bedeutet neunundneunzig Prozent Schweiß und nur ein Prozent Eingebung“, sagte Philipp.

„Wenn sich eine Tür schließt, dann öffnet sich dafür eine andere, die man nicht übersehen sollte“, ergänzte Anne.

Sie sah zu den vier erstarrten Männern.

„Was ist mit ihnen los, Merlin?“, fragte sie besorgt.

„Sie werden erwachen, sobald ich gehe“, beruhigte sie Merlin.

„Es tut mir leid, dass ich dich beinahe verschwinden ließ“, sagte Philipp.

Merlin lächelte.

„Man darf einen Zauberspruch nie unbeendet im Raum stehen lassen. Ihr könntet mich nach Camelot verschwinden lassen.“

„Aber musst du wirklich schon los?“, fragte Anne.

„Jetzt ist es an der Zeit für mich zu ... verschwinden“, erwiderte Merlin.

„Auf Wiedersehen, Merlin“, sagte Philipp.

Anne schaute Merlin an und sagte ihre Zeile:

„*Deng-neu-wa-neu-vee-gäen!*“

Ein Donnerschlag erklang erneut – und Merlin war verschwunden.

Genauso plötzlich kehrten die neuen Zauberer zum Leben zurück. Dr. Pasteur deutete auf die offene Tür.

„Mach dir nichts draus“, sagte Herr Eiffel. „Du und deine Schwester befindet euch in absoluter Sicherheit. Wir leben in der faszinierenden neuen Welt der Wissenschaft und Technik.“

Herr Eiffel zeigte ins Freie.

Alle schauten über das Geländer.

„Mithilfe von Herrn Eiffel können wir die ganze Stadt von oben sehen“, rief Herr Edison.

„Und mithilfe von Herrn Edison werden in Paris bald zehntausend

Gaslaternen durch elektrische Straßenlampen ersetzt!“, erwiderte Herr Eiffel.

„Und mithilfe von Dr. Pasteur werden wir bald Mittel gegen viele tödliche Krankheiten besitzen“, sagte Herr Bell.

„Und mithilfe von Herrn Bell werde ich in der Lage sein, euch per Telefon davon zu erzählen!“, ergänzte Dr. Pasteur.

Alle lachten.

„Und stellt euch vor!“, rief Anne und zeigte auf den Vollmond über ihnen.

„Eines Tages werden Menschen tatsächlich auf dem Mond spazieren gehen!“

„Du hast eine wirklich fabelhafte Fantasie“, sagte Herr Eiffel.

„Ohne Fantasie würde keiner von uns heute Abend hier stehen“, meinte Herr Edison.

„Wir gehen dann mal nach Hause“, sagte Philipp.

„Und wie werdet ihr dort hingelangen?“, fragte Herr Bell.

„Mit unserem magischen Baumhaus“, erklärte Anne.

Die Männer lachten.

„Anne, ich hoffe, du und dein Bruder habt eine sichere Reise in eurem magischen Baumhaus“, sagte Herr Eiffel.

Philipp und Anne winkten den vier Männern zum Abschied zu. Dann kletterten sie die Wendeltreppe hinunter.

Gute Nacht, ihr Zauberer!

Philipp und Anne stiegen runter.

Sie schauten sich um. Die Stände waren abgedeckt und die Tore verschlossen.

Philipp und Anne liefen über die Brücke und überquerten die breite Straße.

„Die vier Männer waren wirklich nett“, meinte Philipp.

„Ja“, stimmte Anne zu. „Sie haben solche erstaunlichen Sachen vollbracht.“

„Sie sind die Zauberer der neuen Welt“, sagte Philipp.

Die Geschwister gingen zum magischen Baumhaus. Sie kletterten die Strickleiter hoch und schauten aus dem Fenster. Der Eiffelturm erhob sich über Paris und seine Scheinwerfer strahlten die Stadt an.

Philipp zog Merlins Brief aus seinem Ranzen. Er öffnete ihn und zeigte auf das Wort Pepper Hill.

„Ich wünschte …“

Bevor Philipp seinen Wunsch zu Ende sprechen konnte, wurden er und Anne in glänzendes weißes Licht getaucht. Der Strahl des Turmscheinwerfers verweilte einen Moment auf dem Baumhaus.

Anne winkte mit beiden Armen in das blendende Licht hinein. Philipp winkte auch.

Dann zeigte er erneut auf Merlins Brief und sprach seinen Wunsch zu Ende: „… wir wären in Pepper Hill!“

Wind kam auf.

Das Baumhaus fing an, sich zu drehen.

Es drehte sich schneller und immer schneller.

Dann war alles wieder still.

Totenstill.

Philipp öffnete seine Augen. Er und Anne trugen wieder ihre gewohnte Kleidung.

Philipp zog den Reiseführer für die Weltausstellung 1889 in Paris aus dem Rucksack. Zusammen mit dem Brief von Merlin ließ er ihn auf dem Boden des Baumhauses zurück.

„Wir haben noch drei Sprüche übrig für unser viertes Abenteuer“, sagte er.

Anne kletterte die Strickleiter hinunter. Philipp folgte ihr.

„Wir hätten unseren Auftrag nicht angenommen, wären wir nicht abenteuerlustig und bereit, Verantwortung zu übernehmen – so wie Herr Eiffel“, sagte er.

„Und als wir die Treppe hochkletterten, haben wir ganz schön geschwitzt – so wie Herr Edison“, sagte Anne.

„Wir haben die Hoffnung nicht verloren, als die Tür des Instituts verschlossen war“, ergänzte Philipp. „Sondern wir sind dageblieben, bis sich eine andere Tür geöffnet hat – so wie Herr Bell.“

„Du hast uns gut vorbereitet, weil du etwas aus dem Reiseführer vorgelesen hast“, sagte Anne. „Also wurden wir wie Dr. Pasteur vom Glück begünstigt, als wir mitbekamen, dass jemand Thomas Edison den Zauberer aus Menlo Park nannte.“

„Außerdem hatten wir Glück, als uns die beiden Leute ihr Rad geliehen haben“, erinnerte Philipp sie.

„Ich glaube nicht, dass das Zufall war“, meinte Anne.

„Der Bart war bestimmt angeklebt. Die Frau sprach mit dieser komischen, quiekenden Stimme“, sagte Anne. „Der Mann riet uns, so schnell zu sausen wie der Wind. Das hat uns an den Zauberspruch im Buch erinnert.“

Philipp nickte.

„Glaubst du etwa, dass es Teddy und Kathrein waren?“ Dann grinste er.

„Das nächste Mal schnappen wir sie!“, rief Philipp.

Die Eiswagenglocke klingelte noch einmal. Philipp und Anne rannten aus dem Wald heraus ins milde Sommerabendlicht.

Mary Pope Osborne lernte schon als Kind viele Länder kennen. Mit ihrer Familie lebte sie in Österreich, Oklahoma, Florida und anderswo in Amerika. Nach ihrem Studium zog es sie wieder in die Ferne und sie reiste viele Monate durch Asien. Schließlich begann sie zu schreiben und ist damit außerordentlich erfolgreich. Bis heute sind schon über fünfzig Bücher von Mary Pope Osborne erschienen. *Das magische Baumhaus* ist in den USA und in Deutschland eine der beliebtesten Kinderbuchreihen.

Jutta Knipping, geboren 1968, hat erst eine Ausbildung zur Druckvorlagenherstellerin absolviert, bevor sie in Münster Visuelle Kommunikation studierte. Schon während ihres Studiums hat sie erste Bücher illustriert. Mittlerweile ist sie freiberuflich als Grafikdesignerin und Illustratorin tätig. Jutta Knipping lebt mit ihrem Mann und zwei Kindern in der Nähe von Osnabrück und lässt sich von ihren Katern Leo und Micki gern bei der Arbeit zugucken.

Das magische Baumhaus junior

Band 28
ISBN 978-3-7432-0961-9

Band 29
ISBN 978-3-7432-1222-0

Band 30
ISBN 978-3-7432-1277-0

Band 31
ISBN 978-3-7432-1278-7